GÉOGRAPHIE HISTORIQUE & DESCRIPTIVE

DES

PAGI DU VEXIN

· I ·

Le Pays de Chars

PAR

M. PLANCOUARD ☙ A.

*Mémoire communiqué en Sorbonne au Congrès
des Sociétés savantes, 1906*

PONTOISE
IMPRIMERIE DE LUCIEN PARIS
1907

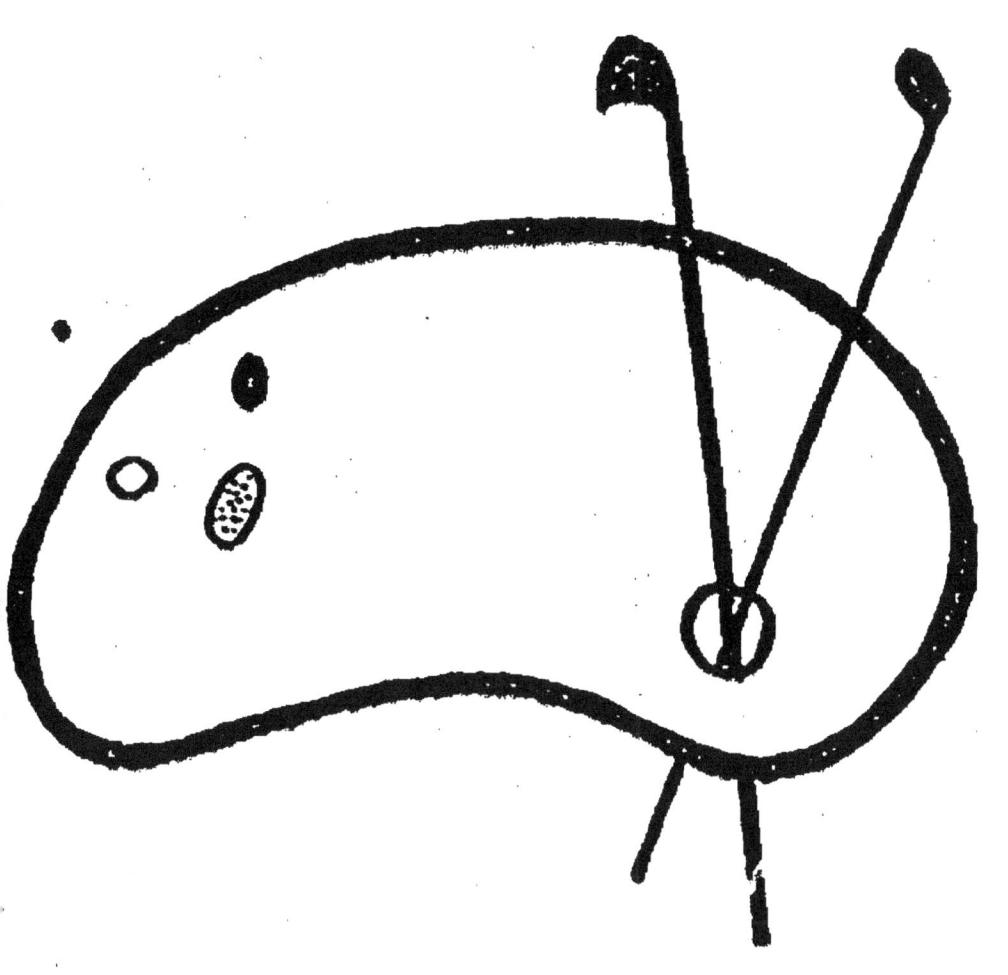

FIN D'UNE SERIE DE DOCUMENTS
EN COULEUR

LE PAYS DE CHARS

GÉOGRAPHIE HISTORIQUE & DESCRIPTIVE

DES

PAGI DU VEXIN

Le Pays de Chars

PAR

M. PLANCOUARD O. A.

*Mémoire communiqué en Sorbonne au Congrès
des Sociétés savantes, 1906*

PONTOISE
IMPRIMERIE DE LUCIEN PARIS
1907

I. — Situation.

II. — Limites et causes physiques de la Division.

III. — Routes.

IV. — Historique et état du sol des communes du pays de Chars.

V. — Culture et Industrie.

VI. — Langage et Folk-Lore local.

I

Le pays de Chars est suffisamment défini pour qu'il soit aisé à déterminer. Le défrichement du sol est la cause principale qui a présidé à la distinction du pays, primitivement région géographique, puis division féodale. Voici quelle est la configuration exacte :

Le lit de la *Troesne* borne au nord, d'une façon précise, le pays ; les sources de la *Viosne* limitent à l'ouest avec les bois du Bochet, les bois Guillaume, ceux de la Villetertre et enfin ceux du Bois-Franc.

La queue des bois de Neuville-Bosc qui se joint à ceux de Marines forme le point naturel de division est. Les rus de *Goulines* et de *Vallières* jusqu'à leur confluent, à droite de la *Viosne*, forment l'extrémité sud. La *Viosne* et l'*Arnoye* partagent, en deux parties presque égales, ce territoire. La première l'arrose en se dirigeant du nord-ouest au sud-est, elle se jette dans l'*Oise* après avoir parcouru vingt kilomètres et mis en mouvement un grand nombre d'usines. L'*Arnoye* coupe le pays du nord-est au sud-ouest. L'altitude n'excède pas 150 mètres au lieu dit la Mare au Maître, à Neuilly, les mamelons qui se rencontrent près de la Villetertre ont 123 mètres; Bouconvilliers, à une hauteur de 115 mètres; le Bois-Franc, 108; Marines, lieu dit la Tuilerie, 106; aux sources de la *Viosne*, on constate 201 ; au Bellay, lieu dit la Garenne, le niveau est de 98; à la station de Chars, 95; entre Bercagny et les fontaines de Moussy, il n'excède pas 89. La largeur totale du territoire, du Bellay, au lieu dit les Cailloux, à Neuilly, est de 9 kilomètres, tandis que la distance des bois du Bochet à ceux de Marines est de près de deux lieues ; là, nous sommes aux bornes du département de l'Oise. Dans cette partie, « le pays de Chars se termine à Bouconvilliers, où jadis un poteau marquait la séparation de la généralité de Paris de celle de Rouen ». (1)

---

(1) *Description du département de l'Oise*, par J. Cambry, t. 1.

II

Si l'on s'arrête aux termes précis des textes, CHARS — terre défrichée — doit être assimilé à ESSARTS. L'étymologie nous conduit donc à considérer notre « pagi » comme un lieu très anciennement défriché, soumis à la culture, et devenu centre de la population. La réunion de ces circonstances eut probablement pour effet nécessaire, la création d'une locution topographique ou géographique encore en usage de nos jours. Au fur e tà mesure que se formèrent, non loin de Chars, de nouveaux centres de population, on compléta leur nom par une expression destinée à marquer le rapport de voisinage avec la localité où s'étaient fixés les premiers pionniers de la civilisation, et c'est pourquoi l'on dit encore aujourd'hui : Saint-Cyr-en-Chars, Neuilly-en-Chars, la Villetertre-en-Chars, pour désigner des communes des départements de Seine-et-Oise et de l'Oise, situées dans les environs de Chars[1].

Si, au lieu de la forme latine *Chartrum* pour Chars,

---

[1] Bertrandy-Lacabane, *Rapport sur l'Histoire de Chars*, présenté au concours Caumartin.

on reportait la forme *Scartium*, on serait conduit à en tirer parti pour fortifier l'opinion émise par Graves dans sa *Description archéologique du département de l'Oise*, relativement au rôle des pierres levées et hautes bornes dans les limites de territoire. En effet, on pourrait signaler dans *Scartium* l'existence de la racine sanscrite *scar*, passée dans les langues celtiques avec le sens de séparer, ce, d'après ce que dit le savant Zeusse, au commencement du livre cinquième de sa « *Grammatica celtica* », Chars et toutes les localités dont le nom se complète par l'adjonction de celui de Chars pourraient alors être considérées comme les stations principales de la limite territoriale entre les Bellovaques et les Vellocasses.

Les premiers défrichements du pays de Chars se firent autour d'un plateau haut de 80 mètres au-dessus des plaines voisines: le Caillouet ou Caillois (plateau des Cailloux). Ce plateau présente la forme d'un triangle équilatéral dont le front est long de 1,200 mètres, le côté nord de 3,000 mètres et le côté sud de 2,500 mètres. Sur les versants, la pente est assez rude, tandis que le sommet, par une sorte de phénomène géologique qu'on attribue à une barre de gypse, après s'être extrêmement resserré près de Neuilly, s'étend comme une large queue et finit en douces ondulations, qui se prolongent jusqu'aux bords de la *Viosne* vers Noisemont, Chars et Saint-Cyr.

III

Il est aisé de reconnaître les anciens chemins du pays de Chars. Deux grandes voies de communication le traversaient; la chaussée de Brunehaut et le chemin de Chars. La voie très importante nommée la chaussée Brunehaut, venait du port de la Seine, près Meulan; après avoir passé dans l'emplacement du chœur actuel de l'église de Vigny et traversé la chaussée de Jules-César de Paris à Rouen, dans la plaine du Perchay, elle descendait non loin du « vieil Ws », dans le ravin de la vallée aux Moines. Elle franchissait les prairies entre la fontaine aux Reliques et le monastère de Cornouiller, puis la *Viosne* au gué de Santeuil, que protégeait la tour de Viosne. On en a retrouvé une section toute pavée, il y a peu d'années, dans le marécage, près dudit gué. Ensuite, elle se dirigeait vers le territoire de Marines, en passant devant l'église de Santeuil, elle gravissait en diagonale les coteaux de la *Viosne*, entre Santeuil et Brignancourt; elle descendait sur le territoire de Marines, au fond du vallon, où elle coupait à la fois le chemin de Chars et le ruisseau *Allan* et remontait jusque dans les bois de Neuilly. Elle redescendait dans Neuilly, d'où, en délimitant plusieurs territoires communaux, elle se continuait vers Beauvais en passant entre Monneville et Ivry. Laissée à l'état de chemin de traverse aux bois de Neuilly, elle porte, entre Santeuil et Neuilly, le nom de chemin de Beauvais à Meulan. Un acte la nomme chemin de Monneville (1). Une pièce du xviii° siècle conservée autrefois aux archives de Marines, l'appelle d'un autre nom qui nous indique assez bien son parcours au delà de Neuilly : « chemin de Meulan à Ivry ». Pourtant, il est peu probable qu'elle passait à Ivry, ce lieu étant un peu en dehors de la ligne parfaitement droite, qu'elle suivait depuis Meulan, ligne comme tracée au cordeau avec les trois clochers de Vigny, autrefois, Santeuil et Neuilly pour points de repère et Beauvais pour point terminus. C'est évidemment une ancienne chaussée romaine, qui allait de Beauvais à Orléans, par Meulan et Auneau.

Le chemin de Chars conduisait de Pontoise vers les ports de la Haute-Normandie et de la Picardie : Dieppe et Tréport. Arrivé à 800 mètres de Marines, le chemin franchissait, par une côte ardue, le ravin qui descend vers Noisemont, sortait près du moulin de Noisemont, passait entre les deux Grippières au lieu dit la Croisette. Il courait, après avoir quitté le pays de Chars, vers Gisors, par le Fayel et Lattain-

---

(1) Archives de Seine-et-Oise, sans cote ; G. Veyret, *Histoire de Marines*.

ville. Le chemin de Pontoise à Chaumont, dit chemin Bernet, se détachait de celui de Pontoise à Chars, à quelques pas de la Maladrerie de Cormeilles, venait gravir le Caillouet jusqu'à Neuilly et continuait par une pente légère vers Saint-Cyr (à 500 mètres des bois dit de la Tombe d'Ornano); sans pente appréciable, ce chemin de plaine arrive à la ferme de Romesnil, puis à Monneville, Tourly et Liancourt-Saint-Pierre, recueillant une foule d'embranchements. Chaumont paraît avoir été le but principal des transactions de nos ancêtres depuis le Moyen-Age. Ainsi on connaît une petite voie qui, partant de Grisy, passse derrière le Caillouet, à l'extrémité du Heaulme, sur la pointe des Buttes de Rosnes et à Chavançon ; à Marines même on comptait la rue de Chaumont qui, partant du bourg, rejoignait la voie centrale à Saint-Cyr. Il y avait encore le chemin de Chaumont, il venait de Cormeilles, montait vers les Hautiers de Marines et formait l'unique rue de ce hameau, franchissant le pont Thibert, côtoyant le plateau et venait se souder à la voie de Pontoise au-dessus de Neuilly, près de la Notre-Dame de Pitié. Le chemin des Bœufs, le chemin des Cochons et celui des Anes sont certes de très anciens chemins du pays de Chars ; n'avons-nous pas le Fay-aux-Anes !

Au fond du pays, vers Chaumont, écrivait Graves,[1], venait un chemin qui fut, jusqu'au Xe siè-

---

(1) Détails du Vexin, ms page 70, carte 2.

cle, le grand chemin de Pontoise à Chaumont. Il venait par Saint-Cyr et Neuilly, on les bifurquait en laissant un embranchement de Cormeilles, montait et coupait d'autant sa largeur le plateau des Hautiers, puis le descendait. »

IV

Voici l'énumération des localités qu'on rencontre ou rencontrait sur le sol du pays de Chars. Par une pente assez rapide, sur le plateau du Vexin Français, on arrive à *Bouconvilliers* (Boscovillare) qu'ouvre le frais et étroit vallon de l'*Aubette*, de Magny.

Le territoire de cette commune, dont le contour affecte la forme d'un triangle aigu, est un plateau sillonné par des ravins escarpés; il est limité en partie, à l'est, par la rivière de la *Viosne*. Le territoire est formé d'un sable moyen, avec lit coquillier déplacé; des galets abondants avec silex noirs, des fragments arrondis de calcaire grossier. Sur la lisière des bois, la flore donne le *Loroglossum hircinum* et le *Sturnia verna*. Comme toutes les paroisses du pays de Chars, Bouconvilliers faisait partie, avant 1789, de l'archevêché de Rouen, de l'archidiaconé du Vexin Français et du Doyenné de Magny. L'église a été confirmée, en 1141, à l'abbaye du Bec. Une des premières tours octogonales édifiées dans l'Ile-de-France se rencontre à « Bouconvilliers-en-Charz ». Il y avait, en 1728, d'après Pihan de la

Forest (1) « un prieuré simple, la chapelle Notre-
» Dame à la collation du seigneur et un hôpital dit
» Saint-Antoine qui existait dès 1519.

» Il y avait là une chapelle en titre à laquelle le
» seigneur du lieu a présenté en 1472 ».

Au sud du village se trouve un château moderne entouré de fossés et bâti sur l'emplacement d'une maison plus ancienne.

Oinville-en-Chars, Oinville ou Ouinville ou Ouinville-en-Chars n'est mentionné que par Lévrier à la page 86 de son *Dictionnaire du Vexin*.

Un village intéressant c'est la *Villetertre-en-Chars*, Villa in-colle, Ville-tartre, Pihan écrit : « Que le Père
» Duplessis (2) dit que c'est la Villa-in-colle et prétend
» que Tartre ou Tertre veut dire colline, qu'on ap
» pelle encore Tertre, le Mont Valérien ou Calvaire,
» que la Villetertre s'appelait autrefois la Ville de
» Jacob, *Villelmus de Villetarici consta bulamus Vul-*
» *cassini*. Et domini Hége an 1219 porte... à la croix
» ancrée de ». Sur un bail possédé par M. Hornay, propriétaire à la Villetertre, est écrit, en 1717 « la Villetartre-en-Chars ». Le territoire fort étendu et généralement plat vers l'est, est traversé dans la région sud, par deux vallons profonds qui encaissent : l'un le cours d'eau de la *Viosne* et l'autre le ru

---

(1) Détails du Vexin, ms page 70, carte 2.

(2) Lévrier : Collection du Vexin, donnée à la Bibliothèque nationale en 1810, mise en ordre et reliée en 70 volumes dans le cours de l'an 1861.

de *Saint Cyr*. Le territoire de la Villetertre comprend les gisements suivants : calcaire grossier, moyen, à molithes marines calcai... qui au dessus du Village n'offrent qu'un lit min... et ...i'aux, sables moyens, dans la partie inférieure. a... .lets accumulés formant une éminence.

La nef de l'église Notre-Dame de la Villetertre a été bâtie en 1146 en même temps que celle de Chars ; l'église dédiée à Notre-Dame appartient à l'école beauvaisienne.

Il nous paraît vraisemblable, d'après la tradition d'abord et ce qui est écrit dans les documents que nous possédons, il nous semble, dirons-nous, que la capitale du pays de Chars devait être la très petite commune de *Saint-Cyr-en-Chars*. [Saint-Cyr sous ou sur Chars 1728]. Placée à l'extrémité sud du canton de Chaumont (Oise), la commune ancienne de Saint-Cyr est réduite, en 1907, à cinq maisons. Une ordonnance du 19 juillet 1826 a réuni Saint-Cyr à la Villetertre. Saint-Cyr possède une curieuse fontaine ferrugineuse. Le vallon qui traverse son territoire, montre des coupes étendues de calcaire grossier. Les sables moyens sont visibles sur les deux côtés de ce vallon. Une chapelle, sous le vocable de Saint-Cyr et de Sainte-Juliette, a conservé son cimetière. Les caractères de cette ancienne église révèlent une construction contemporaine de celle de la Villetertre. Pihan de la Forest signale de curieux détails sur Saint-Cyr et sur le reboisement de son territoire au XVIIIe siècle.

Nous le reproduisons *in extenso* :

« Saint-Cyr sous ou sur Chars, auprès de Chars
» et de Neuilly. Il est du diocèse et intendance de
» Rouen, parlement de Paris, élection de Chaumont
» et grenier à sel de Gisors. En 1748, 5 feux et
» 26 habitants. La cure est à la nomination de l'ar-
» chevêque et M. de Routelle en est seigneur. Terre
» affermée en 1730, 3,200 ª. Elle peut valoir 600 ª de
» rente en tout, y compris les dîmes dont jouit le curé.
» Cette terre relève du Roy et à Haute et Moyenne
» Justice. Saint-Cyr relève du château de Trye ou
» de Chaumont dans le baillage duquel il est situé
» par plusieurs aveux et dénombrements dont quel-
» ques-uns ont été reçus et d'autres blâmés; le sei-
» gneur de Saint-Cyr ne devait que 100 sols et un
» chapeau de roses, mais par les aveux et dénom-
» brements modernes, le relief est dû de même que
» les autres terres du Vexin Français. Cette terre
» appartenait à MM. de Longchamps, puis à M. de
» Mareuil, je crois, puis à l'abbé de Monneville duquel
» M. le Routelle l'a achetée environ 60 ou 80,000 livres.
» Mais ce seigneur y a fait faire des plants consi-
» dérables, en sorte que cette terre, qui n'était af-
» fermée au commencement que 2,000 livres ou
» 2,500 livres est en 1749 affermée, 4,000 livres (1).
» M. de Billy étant mort, le sieur de Billy son fils
» aîné, l'a eu par droit d'aînesse ; mais étant mort

---

(1) 13 juillet 1750. *Exposé de M. de Homesnil, seigneur de Saint-Cyr.* Arch. ville de Pontoise.

» sans enfants, la dame de Billy, sa mère, et MM. ses
» frères et sœurs l'ont vendu au sieur de Saint-
» Souplet 11,000 livres. Le nouvel acquéreur a
» transporté la ferme plus loin que le château ; le
» relief payé par les derniers acquéreurs à M. le
» comte du Charolais a été de 1,500 livres. La fa-
» brique n'a d'autres revenus qu'une rente de 40 à
» 45 livres. Le curé s'étant opposé, en 1750, à ce que
» le seigneur ne fût marguillier sous prétexte que
» les précédents seigneurs s'étaient emparés d'une
» pièce de terre à la fabrique, cela a formé une
» instance aux requêtes du palais qui est encore
» indécise.

» Les dîmes de la cure, dont parle M. Chevalier,
» sont fort peu de choses. A cette terre est réunie
» une portion du fief de Romesnil qui est de la
» paroisse de la Villetertre.

» Il n'y paint de fief qui relève de Saint-Cyr. Les
» terres n'y sont pas des meilleures, les cidres y
» sont excellents (A). Il y a une vallée garnie de bois
» picards fort hauts et fort beaux (1). C'est une es-
» pèce de bois blanc qui vient de Flandre et qui
» grandit et se multiplie en fort peu de temps (1).
» Cette vallée sépare Saint-Cyr d'avec Romesnil.
» M. le comte de Charolais y a fait planter son po-
» teau et ses armes comme seigneur suzerain ainsi

(A) Les cidres s'y conservent trois et quatre ans, fait rare dans le Vexin.

(1) Principalement le bouleau, aune, grisard ou peuplier carolin.

» que dans les autres terres relevant de luy. Cela
» n'empêche pas que M. Bout n'ayant fait poser
» leurs litres et ceintures funèbres, qu'il n'est jouy
» des droits appartenant aux hauts justiciers d'après
» le *Traité des Fiefs*, de Guyot, t. 5, p. 55 et 56 ».

Dans la partie supérieure du pays de Chars, nous trouvons *Neuilly-en-Chars* : Nuelli 1172, Nobiliacum en 1195, Neuilli-en-Vexin, Nully et Nuelliacum xiii° siècle, Nubilliacum 1351, Neuilly, emprès Chars 1388, Neuilly-les Chars, Neuilly-les-Marines 1716 (registres de catholicité), Neuilly-le-Heaume (1740), Neuilly-en-Vexin (délibération du Conseil municipal du 2 décembre 1880).

Comme celle de Saint Cyr-sur-Chars, l'église de Neuilly-sur-Chars (1) possède un chœur rectangulaire. Érigée en 1118 (2), elle a été restaurée en 1866. La terre de Neuilly est mentionnée postérieurement à 1092, lors du don de l'église de Grisy à Saint-Martin de Pontoise, par Dreux de Rosnel dans les termes que nous rapportons. *Drogo du Rôsnel infirmatus dedit Deo et Sanctis Confessoribus Martino et Germano tam abatti quam monarchis, qualam partem villea que decitur Nuelliaccum et nemsris et terœarabilis et justistie et villicationis et sanguinis et banin et hospitum* (3).

---

(1) Le sol de Saint-Cyr a été amélioré par la plantation bien dirigée d'arbres à fruits.

(2) Au xiii° siècle, on la trouve, tantôt sous le vocable de Saint-Denis, tantôt sous celui de Sainte-Marie.

(3) *Cartulaire de Saint-Martin de Pontoise*, par J. Depoin, t. I, page 75.

Cette terre fut primitivement donnée à l'église d'Amblainville (Oise). Dans l'endroit le plus boisé et plus marécageux du territoire, sur le chemin de Chavaçon à Neuilly, fut construit à la fin du xiii° siècle, un château fort appelé le château Gaillard, du même nom que son voisin le château du Ruel.
Nous ajouterons qu'avant 1151, Agnès d'Osny donnait la dîme de Neuilly à Arronville « *Tertiam vero partem terre que decitur Nuilliacum scilicet nemoris et hosputum et terrarum arabilium* »(1).

A la fin du xii° siècle, Neuilly appartenait de même que les terres du Bellay et de Chars à la famille de Gisors. En 1172, Jean de Gisors confirmant les dons faits par ses ancêtres à Saint-Martin de Pontoise, s'exprime ainsi... *et quartam partem ville et nemoris de Nuellis...*

Une *rente* intéressante fut faite le 11 octobre 1388 au profit du seigneur de Marines, par Guillaume de Neuilly, dit Desguises, écuyer, demeurant à Neuilly « *emprès-Chars-en-Veulquessin* ». Par acte passé devant Thibaut de Chavançon, notaire à Pontoise, il lui vendit « à la seule foix et hommage, un fief tenu » et possédé alors par Jehan Lullier, écuyer, à cause » de Mademoiselle Isabelle des Boyes, assis au ter- » roir de Marines, moyennant cinq francs d'or ».

Les Sanson étaient une dépendance de la « paroisse de Neuilly, terroir et prévôté de Marines ». C'était

---

(1) Ms. lat. 5,462, folio 217 et suiv.

un hameau de Neuilly, en partie disparu dans la première moitié du xixe siècle et qui avait été habité par Cassini César-François, le 8 août 1765(1).

Non loin de Saint-Cyr-sur-Chars, son hameau est *Romesnil-en-Chars* « est auprès de la Villetertre et
» un hameau ; c'est un fief entre la Villetertre et
» Saint-Cyr-en-Chars partagé entre les deux sei-
» gneurs qui ont chacun leur portion bornée. Le
» curé de la Villetertre y a la dîme. Ce fief est con-
» sidérable pour l'étendue. Il relève pour la por-
» tion qui appartient à Saint-Cyr, de Trie en plein
» fief comme réuny à la terre de Saint-Cyr ».
Romesnil avait 17 maisons dans le premier quart du xixe siècle.

Un simple groupe d'habitations composé de deux fermes et de « deux habitations qui portent le nom
» de Grand et Petit Bachaumont est sur le territoire
» de la Villetertre ». On cite Bachaumont-en-Chars en 1547.

Proverviliers-en-Chars (2). Provervilliers « *apud charts* » en 1181.

Disparu dès le milieu du Moyen-Age, il était un des plus importants fiefs de la famille de Gisors : Thibaut de Gisors, demeurant à Chars, consent à la

---

(1) Cassini a acquit Neuilly des héritiers de J.-C. Brunet ; Cassini de Thury était conseiller du Roi, il fit cesser l'imbroglio perpétuel de « ces habitations de Neuilly dont les propriétaires étaient habitants de Chars ».

(2) *Cartulaire de Saint-Martin de Pontoise*, par J. Depoin, t. I, page 75.

donation du domaine de Provervilliers à l'abbaye du Val, par Berthaut du Fay et Pernelle, sa femme. Provervilliers-en-Chars était non loin de Neuilly.

Il y avait à la fin du xiv° siècle, un endroit appelé *Bonneuil-en-Chars*, puis Bonneuil-sous-Marines. D'après un aveu et dénombrement du 3 février 1392 cité par Pihan de la Forest, Jean de Châtillon en était seigneur ; c'est la seule mention que nous en ayons lue de ce Bonneuil-en-Chars[1].

Longtemps avant la construction du château de *Marines-en-Chars*, par Robert de Marines, vers 1305, des habitations étaient déjà construites au pied de la colline après que le terrain eut été, en 1130, défriché par les moines du Rosnel. On sait, en effet, qu'en 1250, la population de Marines comptait 40 feux dont 20 aux Hautiers et les 20 autres à Marines même. En termes de comparaison, parmi les 37 communes qui sont comprises aujourd'hui dans la circonscription cantonale de Marines, les plus petits villages atteignaient et dépassaient la population de leur futur chef-lieu. Le Heaulme lui était égal, il y avait 20 feux ; Frémécourt et Neuilly lui étaient supérieurs, ils possédaient 36 et 40 feux.

Etudions les autres paroisses sur la frontière Est du pays de Chars :

Brignancourt..........	60 feux
Santeuil et Gouzangrez.	70 —
Epiais...............	80 —

---

[1] Pihan de la Forest, carte 3, page 419.

Us et le Perchay....... 100 feux
Ableiges et Bréançon.. 128 —
Enfin Chars........... 310 —

N'est-il pas étonnant qu'un document conservé dans les archives du docteur Peyron et daté de 1398, désigne Marines sous le nom de Marines emprès Chars. A la même époque, Neuilly, au lieu de s'appeler Neuilly-les-Marines comme pendant le xix° siècle, portait le nom de Neuilly-en-Chars. Il faut chercher le véritable équivalent de prospérité du « pagi de Chars » dans le misérable hameau de Saint-Cyr-en-Chars qui avait 11 feux. Ces chiffres sont assez éloquents par leur contraste avec ceux de nos jours ; ils forment comme les deux termes de l'histoire du pays de Chars ; le Moyen-Age est l'apogée ; le déclin le xix° siècle.

Marines n'était qu'un pauvre et chétif village jusqu'en 1256, année où le célèbre archevêque de Rouen, Eudes Rigaud, procéda à la dédicace de son église.

Chars qui termine au nord le département de Seine-et-Oise, situé sur un banc calcaire, se trouve placé au fond d'une vallée tourbeuse formée par la *Viosne*. Le climat s'est sensiblement refroidi, résultat des déboisements des « Bois de Chars ».

> ... De l'austère science,
> Cuvier et Brongniart
> Ont étudié Chars
> Ce beau pays de France.

Nous n'ajouterons rien à ce qu'ont écrit ces savants au point de vue de la géologie de Chars et de ses environs[1] et nous renvoyons nos lecteurs à leurs ouvrages. Vers la fin du règne de Louis VII, le patronage de la cure de Chars était divisé en deux parties dont l'une appartenait à Thibauld le Jeune, l'autre à Thibauld Ier, de Gisors, qui abondonna sa part à l'abbaye de Saint Martin de Pontoise. Rotrou, archevêque de Rouen, confirma cette sanction par une charte datée de 1170.

Jean de Gisors, fils de Thibauld, reconnut les droits des moines sur l'église de Chars et sur la chapelle du château en 1172.

L'année suivante, l'archevêque Rotrou constatait que Thibauld le Jeune avait cédé aux religieux l'autre moitié de la cure. Vers la même époque, Lecelin, abbé de Saint-Martin, afferma les revenus de la paroisse pour 20 livres au prêtre Guillaume. On trouve une autre mention de l'église de Chars dans une bulle du pape Alexandre III ; mais vers 1176, l'archevêque de Rouen, Rotrou, ratifia cette libéralité, en réservant certains privilèges aux moines de Saint-Martin à ceux de Saint-Denis, s'il y a lieu, et entre autres de curieuses charges féodales[2]. On

---

(1) Le docteur Peyron, père, a laissé à son fils, M. le docteur Ernest Peyron, une curieuse étude géologique du canton de Marines. De ces notes sont dues à Cuvier et à Brongniart, à la Maison-Blanche ; vers Cormeilles, Cuvier a fait personnellement des fouilles.

(2) *Histoire de l'abbaye royale de Saint-Denis*, p. 142 et ccxxi ; *l'Église de Chars*, par Eugène Lefèvre-Pontalis ; extrait du Bulletin monumental, 1901.

sait que les monastères, dans leurs relations temporelles n'échappaient pas aux charges féodales. C'est ainsi que Saint-Denis avait hérité d'un besant d'or, retenu en témoignage de souveraineté, sur les biens légués à Saint-Martin, vers la fin du xii° siècle au terroir de Chars. Voici une partie de « l'accord intervenu entre Guillaume, abbé de Saint-Denis et Geoffroi, abbé de Saint-Martin 1177, *retento bisancis nobis reddendos dit le premier in octabis B^{ti} Dionysie in recougnitione dominie nostri* ».

A la suite de nouvelles contestations, les deux abbayes conclurent un accord en 1177, au sujet de l'Eglise qui est bâtie sur un terrain marécageux. Elle doit être considérée comme le monument religieux du xii° siècle le plus intéressant du département de Seine et-Oise et même de l'Ile-de-France.

Le domaine de Chars qui rapportait 1,500 livres à l'abbaye de Saint-Denis (pouillé de 1411) fut compris dans une vente de biens autorisée par le Parlement le 9 avril 1595.

Dans la suite, les seigneurs revendiquèrent le patronage de la cure. L'église fut remaniée successivement au xv° et au xvi° siècle. En 1869, elle a été l'objet de travaux de restauration assez importants[1]. Chars était défendu par un château fort construit au xiii° siècle, non loin de la *Viosne*, sur un terrain tourbeux et facile à défendre. Ce château paraît-être

---

(1) Article du docteur Bonnejoy, nul au point de vue historique.

uniquement composé d'une enceinte affectant, dans son ensemble, la forme circulaire, mais représentant de nombreux angles et flanquée de contreforts et de petites tours. Le terrain compris dans cette enceinte était divisé en deux cours, par un bâtiment transversal qui ne constituait, pas à proprement parler, un donjon et dont les restes ont été dessinés dans la *Mosaïque* (1), de juillet 1868.

Le *Bois-Franc en Chars*. Boisfranc, Boffrant, Bosfranke. Aujourd'hui ferme, était autrefois un château situé dans les bois qui bordent les côteaux de la *Viosne*; derrière Chars vers Bouconvillers « il y a
» cette ferme du Bois Franc qui, en 1728, rapportait
» à l'Hôtel Dieu 60 arpens de sol; elle est affermée
» 1,550 livres. Il y a, à Bois-Franc, 7 à 8 petites
» maisons de paysans qui forment un hameau du
» territoire de Chars ».

La *Grippière-en-Chars* (2), « paroisse de Chars est
» auprès de Bellay. C'est une ferme qui est à présent
» en ruines, et il n'y a plus pierre sur pierre. Elle
» était de la paroisse de Chars. Elle appartient à
» l'Hôtel-Dieu de Paris qui l'a réunie à la ferme de
» Bercagny. L'Hôtel-Dieu a, à la Grippière, 90 ar-
» pents de terre labourables. Cette ferme était entre
» Bercagny et Brignancourt ». Le 27 mars 1452, Jean

---

(1) Carte, page 60, des *Détails du Vexin*.
(2) Sentence du lieutenant du bailliage de Senlis en la châtelleniq de Chaumont, 1527.

» d'Abancourt, demeurant à Chars, avait par bail à
» rente(1). « Le fief noble de la Grippière en-Chars(2),
» cens rentes, champarts, masures, jardins, prés,
» etc., situés à la Grippière moyennant une rente
» annuelle de 18 setiers de grains, les deux tiers de
» blé et l'autre tiers avoine. Le revenu est délaissé
» le 6 décembre 1481 par Jean le Villain à Jenneton,
» sa fille, avec les moulins à drap et à huile qui en
» dépendent ».

Bercagny-en Chars. Berkenni, Bourcagni, Bercagni les Chars (1339. Au xvie siècle, avait comme censitaires 14 laboureurs, dont Robert Massieu et Françoy de Berray, marguilliers de la Chapelle-Saint-Jacques, Saint-Christophe de Bercagny. Le bail à rente fait par Louis Charles d'Albert, duc de Luynes, pair de France, et daté du 29 avril 1658, nous représente Bercagny « en masure et une mai-
» son à demi ruinée avec ses dépendances et vulgai-
» rement appelée La Tourelle, moyennant 20 livres
» de rente foncière annuelle ». En 1688, Bercagny avait 6 maisons; un quart du territoire appartenait à l'Hôtel-Dieu et les trois autres quarts à la maison de Saint-Louis, de Saint-Cyr, les fermes de Bercagny et la Grippière étaient évaluées à 260 arpents 30 perches, 8 dixièmes, la ferme du Bois-Franc a

---

(1) Cf. archives de l'Assistance publique de Paris : Hôtel-Dieu, layette 123, liasse 714.
(2) Au nom de Jacques Crespy, marchand et bourgeois de Paris.

164 arpents 57 perches, la terre du Bellay comprenait 439 arpents 6 perches, comme contenance. Les terres et fief du Crespy (1), dit Desportes, rapportoit en 1324, 32 livres parisis de rente par an. Elle était territoire de « Bercagny-lez-Chars mouvant de Philippe, de Ercuyes, écuyers ».

Bellai (Le). Bellai-en-Chars (2). Bellay-en-Vexin (1380). Beelay (1417). Baaile.

Bellai-en Vexin-le-Français (3 au xiv° siècle « un
» hôtel avec jardin et environ 36 arpents de bois,
» environ 100 arpents de terre arable, le droit de
» champart sur environ 160 arpents et divers rentes
» et menus cens, un vivier contenant un arpent et
» demi d'eau, avec environ 8 arpents de prés et de
» marais ; *item*, haulte justice, basse et moyenne et
» toute seigneurie esdictes ville de Bellay et de
» Moucy et puet, prenre caustes, draps et lis sur
» tous ses hotelz ».

La vente faite à l'Hôtel-Dieu nous dispensera d'autres détails intéressants sur la commune du « Bellay-lez-Chars » (4).

Le vendeur était Louis-Charles d'Albert de Luynes, pair de France, marquis d'Albert, comte de Tours,

---

(1) Ce nom lui a été donné par Jean Desportes, d'après l'aveu reçu par Jean évêque et abbé de Saint-Denis.

(2) Archives de la mairie du Bellay. Dossier de la chapelle Saint-Martin, xiv° siècle.

(3) Tradition encore vivace.

(4) Inventaire sommaire des archives hospitalières. Hôtel-Dieu, 1882, n° 3283, layette 122, liasse 712.

chevalier des ordres du roi, tant en son nom que comme tuteur honoraire de Charles-Honoré, marquis d'Albert, duc de Chevreuse, son fils, né de son mariage avec Louise-Marie Séguier, en présence de Jean de Ligny, chevalier, seigneur de Grangueil et Saint-Piat, des terres, seigneuries et fiefs ci-après déclarés ; la terre et seigneurie du Bellay, situés en Vexin-le-Français, près de Magny, comprenant, outre la maison seigneuriale et ses dépendances, étables, caves, colombier, etc., 420 arpents de terre labourables et tous les droits féodaux de ladite seigneurie ; le fief de Crespy, dit Desportes, situé à Bercagny, paroisse de Chars, consistant, en maison seigneuriale avec ses dépendances, terres labourables, prés, vignes, droit de champart, cens et rentes, y compris celles qui sont assignées (1) sur la maison appelée La Tourelle, le Bois Franc comprenant une maison seigneuriale et ses dépendances, environ 150 arpents de terre labourable et de prés, et un bois d'environ 14 arpents, le fief de la Grippière situé en la paroisse de Chars et tout ce qui en dépend, maisons, granges, étables, etc., bois taillis, prés, aunaies, chennevrières, et environ 150 arpents de terre labourables. Les vendeurs se réservent la Justice, haute, moyenne et basse sur les terres vendues, la mouvance des fiefs qui pouvaient en mouvoir et qui demeureront à la baron-

---

(1) Inventaire sommaire des archives hospitalières, Hôtel-Dieu, 1882, n° 3283, layette 122, liasse 712.

nie de Chars, et le moulin banal de la seigneurie du Bellay, appelé le moulin de Noisemont. Cette vente fut faite à charge d'une redevance annuelle de 3 muids de blé envers le chapelain de la chapelle Sainte-Catherine de Fresne Léguillon, et d'une redevance semblable envers le chapelain de la chapelle Saint-Martin du Bellay, etc., et moyennant 236,500 livres tournois (8 mars 1666).

La ferme, propriété actuelle de l'ancien Hôtel-Dieu de Paris présente des bâtiments à allure seigneuriale, ses belles fenêtres ont des meneaux de pierre cruciforme, on remarque particulièrement dans cette ferme une tourelle hexagone ornée de gargouilles sculptées, d'un travail très soigné. Cette tourelle avec la maison contiguë — en partie défigurée — est connue dans le pays sous le nom de maison receveur. Cette ferme avec ses 500 arpents de bonnes terres labourables a été louée en moyenne 12,000 francs seulement, pendant le xixe siècle. Il faut remarquer, dans la cour, le bâtiment qui la divise transversalement et qui est appelé la chapelle, cette construction a environ 20 m. de longueur sur 6 m. de large, elle est très haute, sa toiture est supportée par une charpente en bois de sapin avec deux planchers, côté Est, vont jusqu'au faîte, il n'y a ni pannes, ni montants de ferme, la charpente est ogivale et devait être visible à l'une de ses extrémités[1]. Les caves de la ferme forment de curieuses galeries superpo-

---

[1] Une fenêtre a au moins 3 mètres de hauteur sur 0 m. 70.

sées ; elles ont d'assez grandes dimensions puisqu'elles traversent le pays. La chapelle de Saint-Martin entre Cléry et le Bellay était à signaler ainsi que « La Fosse » ferme vers Cléry point culminant. Près du château de Villetertre, on voyait autrefois une plantation de génévriers(1) d'une grosseur extraordinaire. « Ces arbres ont été détruits par la » malveillance. On en a fait des planches de six ou » sept pouces de largeur ». Comme nous l'avons dit au chapitre Saint Cyr, l'orme et le bouleau ont été implantés il y a environ deux siècles dans les environs de Chars. Le châtaignier(2) qui est encore planté dans certaines terres froides du Vexin français : dans le parc du château d'Alincourt (commune de Parnes), dans le bois Magnitôt, de Saint Cyr-en-Arthies, voisins du pays de Chars, il existe aussi aux Buttes du Rosnes.

De nombreuses carrières à plâtre, dont l'une entièrement souterraine, et qui traverse tout le territoire du village, donnent l'activité à Neuilly, dont le territoire appartient, en grande partie, au propriétaire du château. Il se produit souvent, dans ces carrières à plâtre des affaissements de terrains

---

(1) On les appelle, dans le Vexin français, des pétillons.

(2) On cite, comme beaux châtaigniers, ceux de Blaru et de la forêt d'Arthies, les racines plongent dans le sable ; les terres cailloutteuses, humides et de sable favorisent la croissance de cet arbre.
Bois de chêne, au fond de la vallée de Chars à Saint-Cyr ; aune, le long de la Viosne ; pétillons, dans les terres de troisième classe vers Bouconvillers et la Villetertre.

dits « fontis » qui s'emplissent d'eau ainsi qu'il est facile d'en juger par une simple inspection du sol. Le gypse s'étend vers l'Oise; par Courdimanche, Chars, Neuilly, Grisy. A Neuilly, les puits des plâtrières du bas du village, ont une profondeur de 20 mètres. Pour arriver au gypse des puits qui sont ouverts, au sommet de la côte, dans les bois de Chars, où l'altitude est de 160 mètres, on doit descendre jusqu'à 35 mètres de profondeur.

Les trois gisements connus de cette roche sont situés en des points éloignés et séparés par des accidents considérables venant de l'Est, ils appartiennent à la même perturbation géologique; ils ont été produits par l'action simultanée de la même tempête, du même courant. Le niveau à peu près uniforme des plateaux Vexinois comme ceux de Vigny et d'Hérouville, est celui des assises supérieures du calcaire grossier. Les sables moyens affleurent les buttes un peu élevées et s'étendent à leur pied, ils sont recouverts par les terrains supérieurs. On les trouve aussi en lambeaux, minés et isolés, plus difficiles à distinguer à moins que des sablières y soient ouvertes comme aux environs de Cléry, de La Villeneuve, de Bouconvilliers et de Chars. Les sables contiennent des grès coquilliers en bloc peu volumineux, avec des galets de silex noirs de grosseur variable. La société anonyme des carrières des buttes du Rosne [1] ayant pour objet

---

[1] Administration centrale, 5, rue des Mathurins, Paris.

l'exploitation de pierres meulières et des pierres à macadam, donne un regain d'activité au pays de Chars. Cette pierre meulière des Rosne a été reçue par les ingénieurs de la ville de Paris pour la construction des égouts d'Achères. D'importants marchés ont été également conclus avec les compagnies de chemins de fer. C'est l'année 1877 qui a vu la fin de la culture des plantes textiles dans le pays de Chars, fait qui est regrettable. Néanmoins la prospérité du pays de Chars, loin de diminuer dans l'avenir, ne peut que s'accroître : la fertilité du sol, l'activité de ses habitants, les voies de communications nouvelles, le doublement de la voie du chemin de fer de Paris à Dieppe, l'installation de cressonnières, de deux nouvelles laiteries y contribueront beaucoup. D'ailleurs la culture maraîchère paraît s'y développer elle apporte sa contingent sur le marché de Paris. A la Villetertre, la terre est de mauvaise qualité, mais meilleure vers Monneville. Saint-Cyr et Neuilly possèdent des terres de moyenne qualité, on trouve des terres fortes à Bercagny, posé dans le centre de sa bonne culture, qui s'étend sur Chars, par les deux Grippières, mais il a 60 hectares de médiocres terres estimés 8 francs au maximum, le sous-sol de Bercagny est mou, sablonneux, plus argileux vers la Grippière et les Grouettes. Le Bois-Franc a peu de terres au midi, celles du sud-ouest sont bonnes, le sable existe au nord. La ferme des hospices du

Bellay, est située au centre de son exploitation, la terre la plus inférieure en est la plus rapprochée, ses meilleures terres sont vers Cléry, et au sud-ouest du territoire du Bellay. A cause de son sol caillouteux, le Bellay, de même que le Bois-Franc, est assez hâtif. Le côté Est composé de terres de seconde classe, est planté en herbages, qui seront plus tard d'un rapport plus considérable que celui d'une bonne terre. Une amélioration apportée à la ferme du Bellay, appartenant à l'Assistance publique de Paris, a été d'abattre la vacherie qui était installée au milieu de la cour, comme il était d'usage autrefois dans le Vexin. Les fermes du Bellay, Bercagny sont dépourvues de bonnes caves et n'ont point d'eau potable. Les pluies alimentent leurs mares et leurs puits à l'exception de celui du Bois-Franc qui se trouve à un niveau inférieur, sont profonds. Excellents sont les élevages à Romesnil et à Saint-Cyr.

L'entrée des fermes du pays de Chars est ainsi disposée :

Bellay.	nord-est
Bercagny.	est
Boisfranc	sud-ouest
Clochard.	est
Romesnil	est
Levrières	est
Neuilly	sud
Bachaumont	ouest
Villetertre	nord-est-sud

Le bon sol du Vexin est estimé 20 à 24 francs l'are. On établira pour le pays de Chars un maximum d'estimation des terres à :

20 francs pour le Bellay.

14 à 15 francs pour Bouconvilliers.

12 francs pour la Villetertre et Neuilly (sable et crogne).

La route de Marines à Chars partage les deux territoires de Chars et Marines en deux parties d'inégale valeur, l'une estimée 20 francs et l'autre 12 fr. l'are ; à signaler le manque de prairies à Chars et Bouconvillers.

VI

La population qui habite cette partie du Vexin présente, au point de vue physique et moral des caractères, un aspect et une nature sensiblement différents des autres régions de l'Ile de France. La constitution est généralement bonne bien que la stature soit basse. La dentition est mauvaise comme dans tous les pays à cidre; l'asthme est la maladie la plus commune du pays, de nombreux cas de goitre ont été rencontrés à Marines, pendant tout le XIX° siècle. Nous avons remarqué chez les Marinois de curieux cas de consanguinité. Les « Charriais » sont de rudes et rusés travailleurs que leur caractère tient attachés au sol. Les hommes portent encore des boucles d'oreilles qui les préservent, paraît-il, des maladies d'yeux. A Marines et à Chars, le langage est assez défectueux ; à noter cependant qu'au Bellay il y a moins de barbarisme sur les 58 paroisses du Doyenné de Magny, le Bellay avait une école de fille au XVIII° siècle, fait unique pour les paroisses du pays de Chars[1]. A la Villetertre, le langage présente certaines similitudes avec le Picard, quoique ce village du département de l'Oise soit un de ceux où la langue du peuple approchât le plus du français à l'aurore du xix° siècle [2]. Il faut, dit-on dans l'Ile de France, avoir dépassé Dreux pour rencontrer un type nouveau d'individu. Le peuple de Chars présente cette particularité que vers le nord, les femmes ont généralement une taille au-dessus de la moyenne remarquée dans l'Ile-de-France.

Sans rentrer dans le détail des coutumes rappelons l'ancien usage de sonner les cloches pendant les orages, usage maintenu dans la première moitié du xix° siècle : « *Je suis estienne patron de céans* » *pour éviter toute tempeste, toutefois que serai son-* » *nante aux habitans de celle p*^{sse} », lit on sur la cloche de Bouconvillers, datée 1555.

La légende, le mythe, la fable, a dit Beaudelaire, sont comme la concentration de la vie nationale, comme des réservoirs profonds ou dorment le sang et les larmes des peuples.

---

(1) La syntaxe du langage différait de celle en usage à Paris, des mots ravissants, jolis, à la Ronsard ; phrases de verbes, beaucoup d'expressions latines. A Neuilly, quelques mots bourguignons : les ouvriers de Bourgogne venaient autrefois pour les vendanges. La juxtaposition de prépositions *à déquand moi* et l'accent trainard sont à *mettre en quartier*, les syllabes sont lourdes. On parle mal à Bouconvillers. A Marines on abrège les mots *nous ferons pour laisser*, mot qui se retrouve dans Montaigne.

(2) Frion : Description du canton de Chaumont 1852.

Le proverbe

  On ne passe pas à Cormeilles sans être crotté,
  A Marines sans être haulé,
  A Chars sans être volé,

se rapporte-t-il au temps où le brigand Guilléry (xviie siècle) fut pendu, ou au vol plus récent de la malle poste ?

Nos traditions populaires longtemps dédaignées comme contes d'enfants sont, à présent explorées. Rien ne dit mieux l'âme d'une race que ces conceptions populaires qui veulent qu'à Saint-Marcel de Fleury (Oise), les Charriais qui s'y rendront auront leurs enfants préservés « du carreau ».

Explorons le fonds légendaire du pays de Chars. Le 30 avril, les femmes de ce pays vont tremper un fil dans l'eau de la fontaine dédiée à Saint-Eutrope, à Chaumont-en-Vexin; pour être guéri de la fièvre, on doit nouer ce fil à une croix. Elles se rendent aussi à Saint-Sulpice (*hameau de Flavacourt*), où elles plongent les pieds des enfants dans un trou *ad hoc*. Cela guérit du carreau ou gros ventre ; en notera que les terres du pays de Chars sont pauvres en iode. Dans cette région, on attache encore de l'importance à la coutume d'allumer les feux de la Saint-Jean et principalement ceux de Saint-Pierre, cela a persisté jusqu'à la fin du xixe siècle. On a placé longtemps un mai (1) à la porte du maire. Tout récemment on mettait des couronnes

---

(1) Arbre que les jeunes gens plantent la veille du 1er mai, soit dans la cheminée, soit à la porte d'une jeune fille à marier.

aux portes de l'instituteur, du propriétaire du château et de la femme qu'on aimait ; c'était une gracieuse tradition. Les habitations ont été, au point de vue hygiénique, de tout temps soignées, elles sont plus salubres dans le canton de Chars, que dans la plupart des communes rurales du département de l'Oise et de Seine-et-Oise, Chars a cependant fait longtemps exception.

Les deux sexes sont en général proprement et décemment vêtus, on porte encore de grosses étoffes de ratine, le bourgeron est le vêtement favori des vieillards, cet hommage rendu nous signalerons le manque de caves, des particuliers à Chars et les quelques habitations insalubres qui existent encore au nord du pays. Nous ferons mention, pour mémoire des inondations de la *Viosne*, en 1616, et la grande famine de 1693-1694 dont les ravages furent terribles dans le pays de Chars ; à Marines, le total des morts s'éleva à 100 au dire de Veyret, soit environ le septième de la population. Des actes de vente, de petites parcelles de terre, même des vignes à Neuilly et Marines, portant l'indication de leur motif... « lequel a vendu, n'ayant pas de quoi nourrir ses petits, le pain étant d'une grande cherté... » Les facilités de communication, de plus en plus grandes tendent à supprimer ce qui restait de pittoresque et à faire lever le grain de scepticisme ennemi de l'ancien dans ces pays au centre des bassins supérieurs de la Viosne et du Sausseron.

Un cimetière mérovingien a été découvert entre Bercagny et Moussy en 1870, quelques haches en silex, ont été ramassées sur Neuilly. Ce sont les seules antiquités relevées dans le pays de Chars. A notre vaste enquête de l'étude des « Pagi vexinois », dont la moisson sera abondante, nous signalerons la pierre qui tourne à Chars.

Terminons par ce très juste portrait du pays : « lieu de repos des artistes et des poètes, poumon » de Paris, qui est le cœur de la France. Cet arron- » dissement de Pontoise est bien spécial, voilà un » pays où l'idée d'association est le sentiment noble, » sentiment qui va seul de l'avant, ne comptant que » sur lui-même et, chose merveilleuse, se passant le » plus souvent du concours financier de l'Etat. Ce » pays vit par lui-même, et ne demande qu'une » chose : le maximum de libertés » (1).

Le *Pays de Chars* offre un particulier intérêt géographique et historique dans l'ensemble des pays locaux du Vexin. Il est temps de fixer ces vestiges de l'histoire primitive de l'Ile-de-France, aussi une prochaine excursion portera sur le *Pagi du Hazay* — Frémainville.

---

(1) Discours de M. Marty, sous-préfet de Pontoise, lors de son départ pour la préfecture de l'Ardèche.

★ PONTOISE. — IMP. LUCIEN PARIS ★